E. FONSSAGRIVES

Colonel d'Infanterie Coloniale, en retraite.

Les Sépultures
des Empereurs T'Sing

CONFÉRENCE

DONNÉE A LA SOCIÉTÉ POLYMATHIQUE DU MORBIHAN

le 25 Mars 1920

VANNES

LAFOLYE FRÈRES, ÉDITEURS

—

1920

LES SÉPULTURES DES EMPEREURS T'SING

Les empereurs Mandchous de la dernière dynastie, celle des T'sing, avaient, suivant un antique usage chinois, choisi l'emplacement de leurs sépultures dans des lieux éloignés des champs de repos des familles impériales qui les avaient précédés.

Agités, semblerait-il, par la prescience d'un retour inévitable du peuple chinois vers un gouvernement national, ils avaient établi leurs cimetières près de la Grande Muraille, comme prêts à repasser la frontière le jour où les descendants des Ming, (il en existe toujours de plus ou moins authentiques) s'aviseraient de remonter sur le trône usurpé par les Tartares.

Leurs tombeaux sont groupés en deux points symétriques par rapport à Péking, à cent vingt kilomètres à vol d'oiseau, de part et d'autre de la capitale, d'où le nom des deux immenses nécropoles : Toung-Ling, cimetière de l'Est, Si-Ling, cimetière de l'Ouest.

Pourquoi cette dispersion aux deux extrémités du Pé-Tchi-li des tombes d'une même famille, dans un pays où le principal culte, j'allais dire la seule religion, est le culte des morts ?

La réponse est aisée pour celui qui, ayant vécu quelque temps dans l'Empire du Milieu, connaît la grande, la capitale importance qu'occupe dans l'esprit des Chinois la superstition du Fong-Choui.

Ces deux syllabes qui signifient vent et eau, résument, pour l'habitant du Céleste Empire, toutes les folles terreurs qu'entraînent pour quelques-uns d'entre nous le chiffre 13, le vendredi, les couteaux en croix, le sel renversé, les revenants, les loups garous, etc.

Le Fong-Choui, c'est ce réseau d'influences occultes, bonnes ou mauvaises, suivant les circonstances, qui nous enveloppent, qui planent dans l'air que nous respirons, qui flottent au cours des ruisseaux, qui dorment sous la terre si nous avons su les y fixer par des offrandes ou des prières, qui s'en échappent, si nous les négligeons, pour venir hanter nos nuits et nos rêves.

Aussi la science du Fong-Choui est-elle en honneur en Chine, au même titre que jadis l'astrologie chez nous, et de véritables docteurs ès Fong-Choui sont-ils appelés, toutes les fois qu'un événement extraordinaire se produit, principalement lorsqu'un membre de la famille « *monte et descend* » c'est-à-dire : va rejoindre ses ancêtres.

Le Fong-Choui-Sien-Chan s'assure qu'aucune étoile néfaste ne brille au-dessus de l'emplacement choisi pour la sépulture, qu'une des veines du Dragon n'est pas atteinte par le creusement de la fosse, que les vents favorables, celui du Sud, entre autres, caresseront seuls le défunt, qu'il n'existe pas de dépression du sol permettant aux souffles funestes de pénétrer par le dessous de la tombe, que de hautes montagnes trop voisines n'empêchent pas les bons génies qui volent exactement à cent pieds en l'air, pas un de plus, pas un de moins, de répandre sur la sépulture leur ombre bienfaisante, que deux ruisseaux ne font pas, en se coupant dans le voisinage, un angle de sinistre augure, etc.

Si toutes les conditions favorables ne se rencontrent pas, le défunt court grand risque d'encombrer, pendant de longs mois, dans son cercueil bariolé de couleurs vives, la salle de réception de ses héritiers, ou de rester, à la merci des intempéries et des animaux immondes, dans le champ qu'il cultivait de son vivant.

Les gens sceptiques prétendent, qu'en y mettant le prix, le Fong-Choui le plus favorable n'est pas long à découvrir. Quoi qu'il en soit, en attendant cette heureuse découverte, les corps sont conservés, soit en plein air, soit à domicile, où, à des heures fixes, la famille se réunit pour verser, au commandement d'un Maître des cérémonies, d'abondantes larmes entremêlées de conversations sur des sujets nullement funèbres et de multiples tasses de thé.

Cette cohabitation avec un mort n'a, du reste, rien de choquant dans un pays où le plus beau cadeau qu'un fils respectueux puisse faire à son père où à sa mère, pour leur anniversaire ou pour leurs étrennes, consiste en un beau cercueil dûment peinturluré et laqué que son futur habitant place, bien en évidence, dans son salon et qu'il montre complaisamment à ses amis et connaissances qui ne manquent pas de s'extasier sur ce témoignage de piété filiale.

Le corps des empereurs était déposé, en attendant les funérailles, au Nord du palais de Péking, dans le temple de la Longévité impériale qui, au début de notre occupation, servait d'abri à l'Etat Major du contingent français.

C'est dans le but d'assurer à ses membres défunts la plus

grande somme de probabilités d'heureux Fong-Choui, que la dynastie des T'sing s'est réservé deux cimetières dans chacun desquels prennent place ceux qui, au dire des astrologues, ne trouveraient pas dans l'autre le repos désiré.

Presque tous les auteurs qui ont abordé la question des sépultures impériales chinoises affirment que les Empereurs sont déposés, d'après une alternance rigoureuse, à Toung-Ling et à Si-Ling : cela n'est pas exact : Choun-Tche, le fondateur de la dynastie, qui régna de 1643 à 1661, repose à Toung-Ling avec son père Tai-Tsong-Wen-Houang-Ti et son grand'père Tai-Tsou-Kao-Houang-Ti, apportés de Moukden après coup ; son successeur Kang-Si, 1661-1722, est également à Toung-Ling ; Young-Tcheng, fils de Kang-si, 1722-1735, dort à Si-Ling ; son fils K'ien-Loung, 1735-1796, repose à Toung-Ling ; Kia-K'ing, 1796-1820, et son fils Tao-Kouang, 1820-1850, sont inhumés à Si-Ling ; Sien-Foung, 1850-1861 et Toung-Tche, 1861-1875, ont leur tombeau à Toung-Ling, enfin, le dernier de la dynastie qui ait été saluer ses ancêtres, Kouang-Su, occupe à Si-Ling une tombe préparée de son vivant.

A la suite des troubles Boxers et de la fuite de la famille impériale à Si-Ngan-Fou, le Ministre de France, M. Pichon, bien informé de l'importance religieuse et politique attachée par les Chinois à la conservation ou à la destruction des tombeaux des ancêtres de leur Souverain, avait, dès la délivrance des Légations et du Pé-Tang, insisté auprès du Général commandant en chef le Corps expéditionnaire français en Chine, sur l'intérêt que présentait, en vue de négociations ultérieures, la prise de possession des sépultures impériales.

Il ne s'agissait évidemment pas de les profaner, bien que les Chinois, en bouleversant en juin et en juillet 1900, tous les cimetières européens, eussent, de leur propre aveu, ouvert toutes les portes à de justes représailles ; mais, une fois maîtres des Tombeaux, nous pouvions, par la crainte même de ces représailles qui eussent amené, aux yeux du peuple, la déchéance morale et peut-être même matérielle de la dynastie, exercer une pression suffisante sur l'Empereur pour l'amener à une solution rapide et satisfaisante des difficultés en cours.

Je n'ai pas pu, et je le regrette, explorer les tombeaux de Toung-Ling qui furent visités, vers le milieu de novembre 1900, par une colonne commandée par le lieutenant-colonel de Zouaves

Laurent-Chirlonchon ; abandonnés après deux jours seulement d'occupation, ils furent dévastés par les populations des environs qui coupèrent les bois et enlevèrent tout ce qui n'était pas trop lourd, alors que les monuments de Si-Ling durent leur conservation au long séjour que nous y fîmes, du 29 octobre 1900 au 27 août 1901. C'est uniquement de ces derniers que je puis vous parler en connaissance de cause.

Une occasion favorable se présentait pour occuper Si-Ling : la colonne internationale conduite à Pao-ting-Fou par le Général anglais Gaselee, ayant atteint son objectif au milieu d'octobre 1900, devait, ipso facto, se disloquer, rendant disponibles les éléments français qui, sous le commandement du Colonel Lalubin, en avaient fait partie ; Si-Ling était situé un peu à l'Ouest de la route de retour de ce contingent, à 80 kilomètres à peine de la ligne ferrée de Péking à Han-Kéou par Pao-Ting-Fou.

Le 23 octobre, pendant que le Général Bailloud nous passait, sous les murs de cette dernière ville, une revue d'adieux, Anglais, Allemands et Italiens défilaient à la hâte derrière notre dos, vers une destination inconnue. Pour nous, nous rentrâmes, tout bonnement, à Tchouo-Tcheou où étaient rassemblées deux compagnies du 17e régiment d'infanterie de marine, l'ambulance et les approvisionnements destinés à faire de cette place le centre de commandement français dans cette partie du Pé-Tchi-Li.

Nous fîmes, par une température torride, 120 kilomètres en trois étapes et trouvâmes, en arrivant, l'ordre de marcher sur Si-Ling ; nous eûmes alors l'explication du mouvement de nos alliés. Nous n'avions qu'à nous hâter pour les rattraper et c'était, malgré l'avance qu'ils avaient prise, chose possible avec des troupes comme les nôtres.

Partis le 27, nous fîmes étape à Lai-Shouei-Hsien ; le lendemain matin, les quelques hommes que nous avions pu monter sur des chevaux chinois et la plus mobile de mes compagnies prirent les devants avec le colonel Rondony, pendant que le reste de la colonne suivait à petite distance ; ils arrivèrent à Y-Tcheou, au moment où les Allemands du colonel Von Normann quittaient cette ville, les gagnèrent de vitesse et arrivèrent aux portes de Si-Ling quelques instants après les lanciers du Bengale et quelques officiers allemands bien montés, lancés en éclaireurs. Ces derniers, et en particulier le général Von Gayl, avec un manque de courtoisie qui donna lieu plus tard à une réclamation officielle, voulurent nous interdire l'entrée du cimetière, mais, pendant que la 11e compagnie formait les faisceaux devant la porte de Toung-Keou-Tse-Men, le colonel Rondony découvrit un sentier de montagne négligé par nos alliés et s'y engagea avec ses hommes montés, bientôt suivi par les Anglais et quelques Allemands.

Un véritable cross country eut lieu dans la plaine de Mou-Ling et le colonel arrivant bon premier dans l'avenue de la sépulture de Tao-Kouang, serré de près par ses concurrents, prit possession du monument; les Alliés déconfits n'eurent, dans leur déception, même pas l'idée d'aller à quelques centaines de mètres plus loin où ils eussent découvert les tombeaux de Mou-Toung-Ling.

Le lendemain matin, le reste de la colonne Lalubin arriva et occupa les deux groupes de monuments, pendant que les Allemands poussaient de l'avant et allaient jusqu'à la Grande Muraille, se tailler un succès facile, à la porte de Tse-Zin-Kouan-Ko, sur une demi-douzaine de douaniers chinois. Ils revinrent sur leurs pas et évacuèrent le cimetière dont les tombeaux furent aussitôt successivement occupés par des piquets de nos troupes.

Le 2 novembre, jour des morts, notre aumônier put célébrer, dans le temple de Mou-toung-Ling dédié aux âmes des impératrices de Tao-Kouang, un service pour nos soldats décédés.

Nous visitâmes à notre tour, la Grande Muraille, et, le 10 novembre, le colonel Lalubin retourna à Tchouo-Tcheou, me laissant la garde de la nécropole et la surveillance des routes du Chan-Si.

Grâce à la bonne volonté et à la grande discipline de mes Marsouins, le peuple et les mandarins chargés de l'entretien des sépultures prirent rapidement et complètement confiance en nous; il en résulta pour cette malheureuse région une période de calme et de sécurité auxquels elle n'était pas habituée et qu'elle a dû regretter après le départ des envahisseurs bienfaisants qu'ont été les Fa-kouo-Ping, les soldats Français. Vous pouvez lire dans *Les derniers Jours de Péking* de Pierre Loti, quelle a été l'œuvre des Barbares d'Occident que nous étions.

Cette grande tranquillité nous donna des loisirs grâce auxquels e pus visiter, le crayon à la main, les monuments confiés à ma garde et les étudier assez en détail pour pouvoir venir vous en entretenir.

La route la plus commode pour se rendre de Péking à Si-Ling , sort de la capitale par la porte Ping-tse-Men, se dirige vers le Sud-Ouest et passe le fleuve Rouge, ou Houn-Ho, à Lou-kou-Kiao, sur un immense pont en marbre traversé et décrit par Marco Polo à la fin du XIIIe siècle ; elle suit ensuite la voie ferrée jusqu'à Tchouo-Tcheou, et, en ce point, tourne franchement à l'Ouest, en passant par Lai-Shouei-Hsien, Y-Tcheou et Leang-Ko-Tchouang ; elle est praticable aux charrettes chinoises sur toute son étendue.

Un autre chemin, moins carrossable, s'en détache près de Lou-Kou-Kiao et revient se confondre avec elle à moitié chemin de Lai-Shouei-Hsien à Y-Tcheou ; cette voie est jalonnée, de trente en trente kilomètres, par des Sin-Koun, sortes d'hôtelleries impériales où la Cour pouvait se reposer et faire étape lorsqu'elle se déplaçait pour l'accomplissement des rites funéraires. C'est cette seconde route que suivait le corps des Empereurs pour se rendre de la capitale au lieu de sépulture.

A l'occasion des funérailles de Kouan-Su, s'est produite une innovation réellement extraordinaire dans ce pays de rigoureux traditionalisme : un embranchement de la voie ferrée de Péking à Han-Keou a été construit entre Kao-Pei-Tien et Leang-Ko-Tchouang, et pendant que le lourd cercueil impérial, porté par 120 coolies gagnait Si-Ling à petites journées, le nouvel Empereur et sa nombreuse escorte ont bourgeoisement pris le train pour se rendre à Leang-Ko-Tchouang, où le corps a été déposé en attendant la fin des travaux de construction du tombeau de Kin-Sing-Pao-Kai.

Si-Ling occupe, au pied des montagnes du Si-Chan, une sorte de cirque elliptique dont le grand axe, dirigé sensiblement Est-Ouest, a environ douze kilomètres de longueur, entre la porte Toung-Keou-Tse-Men et les ruines de l'antique bonzerie de Ta-lien-Sse, *le grand Lotus* ; le petit axe, long de huit kilomètres, est à peu près Nord-Sud.

Ce cirque très mamelonné, au moins dans sa partie Ouest, se divise en trois vallées principales convergeant sur Leang-Ko-Tchouang et formant par leur épanouissement le cours de l'Y-Choui qui arrose Y-Tcheou.

- Le cimetière impérial est fermé par un mur d'environ quatre mètres de hauteur, interrompu partout où, comme dans la Grande Muraille, des obstacles naturels ont rendu sa construction inutile ; ce mur est percé de nombreux passages grillagés pour les ruisseaux et de onze portes ; l'une d'entre elles, la porte de Kouei-Men-Kouei, ne sert que pour la sortie du corps des gardiens décédés accidentellement dans l'enceinte réservée aux sépultures impériales et qui, ne pouvant sans profanation y être inhumés, sont emportés à l'extérieur, dans les tombes de leur famille.

Le mur d'enceinte renferme un véritable parc tracé avec ce profond sentiment du pittoresque dont les paysagistes chinois ont gardé le secret. Certaines parties couvertes de hautes futaies solennellement alignées, rappellent les majestueuses perspectives de Versailles ; d'autres coins plus mouvementés ressemblent aux fouillis de la forêt de Fontainebleau. De nombreuses routes dallées, des sentiers de montagne soigneusement entretenus, des ruisseaux serpentant capricieusement dans les hautes herbes ou canalisés entre deux murs au voisinage des tombeaux, sillonnent les mamelons et les vallées.

Des ponts en marbre, aux grandes dalles scellées par des crampons en fer à double queue d'aronde, de larges passerelles en pierre grise jetées par dessus les ruisseaux, de nombreux puits à margelle en marbre blanc, une grande quantité de maisonnettes de gardiens semées çà et là, égaient le paysage et complètent d'une façon charmante son aspect de jardin anglais ; des bois de sapins plantés de main d'homme rappellent seuls, par leur aspect funèbre, que l'on est dans un lieu consacré aux défunts.

De distance en distance, se dressent de hautes stèles portant en chinois, en mandchou et en thibétain l'indication suivante : *Que chacun, quel que soit son rang, mette pied à terre en arrivant ici.*

Il est interdit, sous les peines les plus sévères, de couper du bois dans l'enceinte du parc, et même d'y faire aucune culture qui, dans ce sol consacré, constituerait à la fois un sacrilège et un crime de lèse-majesté.

Il en résulte que les gardiens des tombeaux, enfermés dans de véritables casernes, sans champs ni jardins autour, sont obligés de tirer entièrement leur subsistance du dehors et de tout recevoir, même les objets les plus insignifiants des mandarins chargés de leur ravitaillement : les gens mal intentionnés affirment que les mandarins n'y perdent pas. Pendant l'occupation de Si-Ling, nous avons eu à souffrir de cette prohibition et nous nous sommes trouvés dans l'obligation, au moins au début, d'aller chercher très loin les légumes que les mandarins en suite ne pouvaient nous assurer,

La zône interdite à la culture n'est pas bornée au mur du cimetière : elle s'étend jusqu'à la Grande Muraille, à la porte de Tse-Zin-Kouan-Ko, éloignée de Mou-Ling de 22 kilomètres.

Le terrain laissé inculte est délimité par des poteaux en bois peints en rouge, espacés de 25 en 25 mètres ; tout l'espace qu'ils circonscrivent est, à part les endroits boisés, envahi par les hautes graminées, pour la plus grande joie et le plus grand bénéfice des sarcelles, perdrix, cailles, faisans et lièvres qui y pullullent, concurremment avec les loups, pendant l'hiver.

Si-Ling contient la sépulture de quatre empereurs : Young-Tcheng à Tai-Ling, Kia-K'ing à Tchang-Ling, Tao-Kouang à Mou-Ling et Kouang-Su à Kin-Sing-Pao-Kai. Je n'ai ni la prétention ni l'envie de vous faire un cours d'histoire de Chine : je me contenterai donc de vous présenter, en quelques mots, ces hauts personnages.

Quinzième fils de Kang-Si, le Louis XIV de la Chine, Young-Tcheng, aurait eu, assure Mgr Favier, M. Pedrini, un Lazariste, comme précepteur, ce qui ne l'empêcha pas, dès qu'il fut monté sur le trône, à l'âge de 45 ans, d'interdire l'exercice de la religion chrétienne, de confisquer la cathédrale du Pé-Tang et d'exiler les missionnaires : il mourut au Palais d'été, le 7 octobre 1735, à l'âge de 58 ans.

Kia-K'ing monta sur le trône, le premier jour de l'année 1796, par suite de l'abdication de son père Kien-Loung ; son règne fut marqué par de continuelles persécutions contre les chrétiens et par l'apparition de nombreuses sociétés secrètes, entre autres, celle du Pei-Lien ou *Nénuphar blanc*. Il mourut à Jéhol, en Mongolie, au mois d'août 1820, frappé par la foudre ; son corps était, paraît-il, réduit à un tel état de décomposition qu'il fut impossible de l'ensevelir suivant le rite et de le mettre en bière pour l'emporter à Si-Ling. Je me suis laissé dire par les mauvaises langues, il y en a à la Cour de Chine comme ailleurs, qu'on aurait envoyé aux sépultures impériales, soit un cercueil vide, soit le corps d'un serviteur désigné d'office pour le fatal honneur de représenter son maître jusqu'à la consommation des siècles.

Tao-Kouang, connu avant son avènement sous le nom de Mien-Ning, naquit en 1780 ; son rang dans la famille impériale ne le destinait pas au trône : un acte de courage et de détermination lui permit, en 1803, de sauver la vie de son père Kia-K'ing et fut cause de son élévation : Ling-Tsing, premier eunuque du palais, était devenu le favori de Kia-K'ing et avait pris un tel ascendant sur l'esprit de son maître, qu'il avait assumé à peu près complètement le gouvernement de l'empire : l'exercice du pouvoir exalta son ambition et lui inspira le désir de s'emparer de la couronne en supprimant l'Empereur et ses fils.

Un jour que Kia-K'ing et les princes étaient à la chasse, Ling-Tsing fit occuper les abords du palais par des troupes à sa dévotion et donna le signal de l'insurrection dès que l'Empereur fut rentré ; mais, à l'insu de l'ambitieux eunuque, Mien-Ning était resté en arrière ; il comprit le but de ce déploiement de forces qui allaient envahir le palais, reconnut à leur tête le fauteur du mouvement et, arrachant, faute de balles, les boutons de cuivre doré de son habit, il en bourra son fusil, ajusta Ling-Tsin et l'étendit raide mort. Aussitôt que les révoltés virent tomber leur chef, ils prirent la fuite. En récompense de ce haut fait, Kia-K'ing désigna Mien-Ning comme son successeur.

Sous le règne de Tao-Kouang, eurent lieu des persécutions contre les chrétiens et la guerre, dite de l'opium, qui se termina pour nous par le traité Lagrenée.

De Kouang-Su, il y a peu de chose à dire : faible, maladif, indolent, vivant effacé au milieu de ses femmes et de ses eunuques, sous l'autorité énergique de sa tante, l'Impératrice douairière Tsou-Hsi-Si-T'ae-Heou et des favoris de cette Sémiramis d'Extrême-Orient, il n'est guère connu que par ses tentatives, bien timides, d'indépendance et d'européanisation, et par sa fuite lors de notre intervention nécessitée par l'insurrection et les massacres des I-Ko-Tchouan que nous avons appelés Boxers.

Autour de ces quatre personnages de premier rang, reposent 112 Impératrices, princes et concubines de rangs divers, groupés dans des temples et des cimetières plus ou moins luxueux.

Je ne m'attarderai pas à vous décrire, un par un, les innombrables monuments de Si-Ling : ceux d'entre vous qui auront la patience de lire le long et sec inventaire que j'en ai publié dans la Collection du Musée Guimet, y trouveront, avec quelques bonnes photogravures, une ample liste de noms barbares difficiles à prononcer pour un gosier européen.

Un tombeau impérial se compose, en général, d'une avenue ayant jusqu'à deux kilomètres de longueur, bordée de colossales statues de mandarins et d'animaux, coupée de portiques dits du Dragon et du Phénix et de pavillons abritant des poésies en l'honneur du défunt gravées sur une stèle supportée par une tortue gigantesque, ce qui symbolise notre : *In perpetuam rei memoriam.*

Des triples ponts en marbre, le passage du milieu étant réservé à l'Empereur, sont jetés sur des ruisseaux artificiels ; des maisonnettes de gardiens, de vastes cuisines rituelles, des villages des Huit Bannières, des tribunaux des rites, entourent les enclos funèbres dont les murs sont chaperonnés de jaune pour les Empereurs et de vert pour les Princes ; on y accède par de vastes portiques à trois portes.

Dans la cour, à droite et à gauche, sont placés des fours à holocaustes en céramique jaune ou verte dans lesquels, à des époques fixées par le Li-Pou, *Tribunal des rites*, l'on brûle solennellement la carte de visite en soie jaune que l'Empereur envoie à son ancêtre.

Au fond de la cour, derrière un autel portant la représentation en pierre des trois offrandes rituelles : cierges, fleurs et parfums, s'élève une terrasse ornée de colonnettes en marbre blanc, d'animaux symboliques et d'énormes brûle-parfums en bronze de cinq mètres de haut. Le commun des mortels peut accéder à cette terrasse par deux escaliers de marbre entre lesquels se trouve un plan incliné dit : *le pas de l'Empereur* : les rites n'autorisent pas, en effet, le Souverain à monter de marche en marche et son ascension par le plan très incliné l'exposerait à des glissades dangereuses pour son équilibre et pour sa dignité, si on n'y avait gravé en demi-bosse un dragon et un phénix où son pied peut se cramponner.

Sur la terrasse, se dresse, avec son double toit jaune ou vert, le temple où réside l'âme du feu prince, ou du moins son âme rationnelle. Je me sers intentionnellement de cette expression, car, si l'on peut admettre qu'une seule âme nous suffise à nous, pauvres Barbares d'Occident, il n'en faut pas moins de trois pour satisfaire les fils du Ciel : l'âme matérielle qui loge pendant la vie dans l'estomac et suit, après la mort, la triste destinée du corps ; l'âme passionnelle qui réside dans la poitrine et qui, à sa séparation d'avec le corps, gagne le monde des ténèbres où elle est jugée et expie ses fautes, pendant un millier d'années, dans les tortures pittoresques qui sont représentées d'une façon réaliste, pour l'édification de tous, dans le cloître des bonzeries ; une fois purifiée, elle se réincarne pour une nouvelle existence, dans un homme ou un animal ; enfin l'âme rationnelle qui, ayant son siège dans la tête, est fixée dans la tablette funéraire par la cérémonie magique du Koun-Ti et reçoit les hommages des descendants.

Cette tablette, en bois doré, au moins pour les Empereurs, d'une hauteur de quarante centimètres, porte le nom apothéotique du personnage qu'elle représente et l'énoncé de quelques unes de ses principales vertus.

J'ai dû laisser en Chine mon âme rationnelle, qui, en reconnaissance de ce que j'avais empêché les Anglais et les Allemands de mettre le feu à Tchouo-Tcheou, a été incorporée dans une tablette et déposée dans le temple de Confucius, où elle est encore au milieu de celles des Génies protecteurs de cette ville.

La croyance à la présence réelle de l'âme dans la tablette ne semble pourtant pas article de foi dans les classes éclairées suivant uniquement les préceptes élevés des Grands Philosophes, Koung-Tse, Meng-Tse et Lao-Tse : Kang-Si disait un jour au Cardinal de Tournon, Légat du Pape : « On sait bien que les âmes des ancêtres ne peuvent pas venir habiter dans les tablettes ou les cartouches qui portent leur nom, mais on tâche de se persuader qu'on est en leur présence. »

Quoi qu'il en soit, pendant mon séjour à Si-Ling, la misérable chaumière tartare qui me servait d'abri était devenue une sorte de Panthéon où les tablettes des Empereurs, Impératrices et Princes, étaient prudemment mises à l'abri des iconoclastes et des collectionneurs, plus dangereux encore, et recevaient journellement les hommages des hauts dignitaires chinois et mandchous, ravis mais étonnés de cette précaution.

Dans l'intervalle entre les cérémonies, les tablettes sont entreposées dans des alcôves, sur des coussins richement brodés ; aux jours fixés par les rites : premier jour de l'année, anniversaire de la mort, fêtes de saisons, fêtes bimensuelles, elles sont apportées dans le temple et déposées sur un trône laqué rouge et or, devant une table recouverte de soie jaune.

Derrière le temple, se trouve l'enceinte de la sépulture proprement dite, fermée, soit par un portique surélevé de plusieurs marches, soit par une tour crénelée ; dans cette enceinte, s'élèvent la ou les tombes, généralement cylindriques, blanches avec une bordure jaune pour les Empereurs et les Impératrices de premier rang, peintes à l'ocre rouge pour les Seigneurs et les Dames de moindre importance. Nos soldats qui ont une aptitude remarquable pour découvrir les similitudes ont eu bien vite fait de traiter ces monuments de *Boîtes d'endaubage*, par analogie avec les conserves dont les Subsistances Militaires sont souvent prodigues envers eux, et sans aucun respect pour les augustes personnes qui y sont enfermées.

Seules les tombes de Kia-K'ing et de Young-Tcheng sont dissimulées sous d'énormes tumuli, véritables collines plantées de sapins et entourées de murs crénelés.

Les matériaux qui servent à la construction des sépultures impériales ne se rencontrent pas sur place : Si-Ling est en plein terrain permien ; les montagnes du Si-Chan sont schisteuses avec quelques affleurements de houille ; le calcaire et le marbre pourraient se trouver relativement près, vers le Palais d'été, mais la coutume s'oppose à ce qu'on use d'économie en tout ce qui concerne le Souverain vivant ou mort ; les marbres du Palais d'été sont donc réservés au cimetière de Toung-Ling plus éloigné et ceux pris dans les montagnes qui supportent la Grande Muraille à l'Est de Péking, sont transportés, à grands frais, à Si-Ling.

Mgr Favier, dans son *Péking* nous raconte qu'un missionnaire se rendant un jour dans une chrétienté, « rencontra un cortège de plus de 300 hommes occupés à transporter un bloc de marbre d'environ quatre mètres de long sur quatre-vingt centimètres en carré ; soixante quinze mulets y étaient attelés et quinze autres portaient les cordes de rechange. On s'embourbait, on s'ensablait, peu importe : le petit mandarin chargé du transport faisait dresser sa tente, buvait son thé, fumait sa pipe, laissant ses gens se débrouiller. Huit à dix jours après, revenant par le même chemin, le missionnaire revit ce bloc de marbre qu'on avait fait avancer d'environ 800 mètres. » Et encore, quand au cours de son lent et long voyage, le bloc de marbre vient à subir une avarie, à s'écorner le moins du monde, il devient indigne d'être utilisé et est mis au rebut ; c'est ainsi que j'ai vu, près de Ta-Houn-Men, deux énormes blocs, de près de cinq mètres de longueur; presque arrivés à pied-d'œuvre, laissés de côté et s'enterrant lentement sous la montée de l'humus.

Si-Ling, l'un des Saint-Denis de la Chine, n'est pas abandonné à lui-même dans l'intervalle qui sépare les cérémonies rituelles;

cette ville des morts contient un grand nombre de vivants que leur service oblige à y résider.

Ce sont d'abord, à tout seigneur tout honneur, les hauts fonctionnaires chargés de la garde du cimetière et de son administration : Un oncle, le prince Yi-Mouo-Pei-tse, et un cousin de l'Empereur habitaient Si-Ling, de mon temps, et je n'ai eu qu'à me louer des relations que j'ai eues et que j'ai longtemps entretenues avec eux ; de leur côté, ils n'ont pas eu à se plaindre de ma présence qui leur a valu une flatteuse promotion dans la hiérarchie des princes du sang, par suite de la protection que j'avais accordée aux ancêtres de l'Empereur.

A côté d'eux, et pour les guider et au besoin les surveiller, se trouvait un gros personnage chinois, mandarin à bouton de corail et membre de l'Académie des Han-Lin, *forêt de pinceaux*, de Péking ; c'est de lui que parle Loti dans ses *Derniers Jours de Péking* et qui, mis par mes soins en présence de son collègue de l'Académie Française s'empressa de lui poser à brûle-pourpoint, une série de questions saugrenues qui ne laissèrent pas de désarçonner un peu Loti : aussi, cet excellent Tchouen-Leang ne manquait-il jamais, quand il me rencontrait, de me dire : « Tu sais, il n'est tout de même pas fort ton Han-Lin de Paris. » Tchouen-Leang était doublé de quatre mandarins à bouton de rubis.

Autour de ces astres de première grandeur, gravitait une pléïade de mandarins à bouton de saphir ou de lapis, qui n'étaient guère, malgré leur rang, que des comparses ; l'un d'eux, le trésorier Maï, vit rapidement son emploi dégénérer en sinécure, quand, ainsi que je vous le dirai tout à l'heure, j'eus mis la main sur le trésor qu'il était chargé de conserver et de gérer.

Au-dessous de ces personnages, se trouve une foule de mandarinaux à bouton de cristal, de porcelaine, d'or ou de cuivre, qui ne sont, pour la plupart, que des domestiques.

La garde des tombeaux est assurée par des soldats tartares des Huit Bannières, qui, au moins dans l'intérieur du cimetière, ne peuvent être armés que d'arcs et de lances ; ces vaillants guerriers, au nombre de quatre mille, n'ont, à notre arrivée, pas esquissé l'ombre d'une résistance ; bien mieux, après s'être enfuis précipitamment, précédés de leurs chefs, ils n'ont pas tardé à revenir dans leurs villages de garde et, leur solde se faisant attendre, se sont disputé les places de coolies à notre service.

Un des souvenirs les plus amusants pour moi de la campagne de Chine a trait à ces braves Tartares : l'Administration chinoise ayant, pendant plus de sept mois, négligé de les ravitailler et de les payer, leurs chefs sont venus me trouver et me proposer, comme une chose toute naturelle, de la part de Li-Hung-Tchang, de faire, en pleine période de guerre, transporter et escorter par mes soldats la solde de l'ennemi, en grand danger, sans cela, d'être enlevée par les Alliés ou pillée par les troupes chinoises.

J'avoue qu'à cette demande insolite, j'ai eu de la peine à garder mon sérieux ; j'ai toutefois répondu que j'étais grandement honoré de cette marque de confiance, mais que mes pouvoirs n'allaient pas jusqu'à prendre une pareille initiative, que j'allais en référer à mes chefs en donnant à leur requête un avis favorable, et que je ne doutais pas qu'il n'y fût fait droit, surtout si M. Li faisait, de son côté, une démarche personnelle auprès de notre Général en chef qu'il avait jusqu'alors oublié d'aller saluer. En effet, quelques jours plus tard, le général Voyron m'envoyait l'ordre que j'avais sollicité d'escorter 25.000 taels pour les Tartares qui en avaient bien besoin, les pauvres gens, et qui m'ont témoigné une reconnaissance vraiment touchante.

Les cérémonies qui se célèbrent aux sépultures impériales consistent en libations et en prosternements soigneusement réglés par le rituel.

Avant toute chose, les employés du Kong-Pou, *tribunal des travaux*, préparent un grand festin dont les plats, aussi nombreux que succulents, sont placés sur la table devant la tablette : un bœuf entier, deux moutons, des fleurs de safran, des poissons séchés à Port-Arthur, des faisans bouillis, des concombres salés, en composent le menu délectable, à côté de onze coupes de fruits et de vingt assiettes de gâteaux à la graisse de mouton et à la cassonade, dont Dieu vous préserve !

Tous ces aliments sont servis dans de la vaisselle d'or ou de vermeil pour les Empereurs et les Hoang-Heou, d'argent pour les Princes et Princesses d'un rang élevé, de cuivre ou d'étain pour ceux que, dans le Midi, on qualifie de Rafataille.

Lors de notre arrivée à Si-Ling, les mandarins avaient réussi à mettre à l'abri toute cette précieuse vaisselle : malheureusement, le 11 novembre, j'ai pu savoir où était la cachette ; j'ai donc prescrit une reconnaissance quelconque, à la tête de laquelle je me suis mis, puis, après avoir dépassé, pour détourner les soupçons, l'endroit qui m'était signalé, je l'ai fait brusquement envelopper par mes fantassins montés ; les quelques portes qu'on ne voulait pas nous ouvrir ont été vite enfoncées, et, après quelques minutes de lutte à main plate avec les employés du Nei-Wou-Fou, *tribunal des affaires intérieures*, j'ai mis la main sur 6 kilos d'or, 1.200 kilos de vermeil et d'argent et 3.000 kilos de cuivre et d'étain. Tout ce matériel, inventorié devant de nombreux témoins, a été mis sous scellés en ma présence, expédié à Péking et rendu, dès la signature de la paix, aux Chinois qui n'en pouvaient pas croire leurs yeux.

Lorsque le festin est servi, l'envoyé de l'Empereur pénètre dans le temple et fait l'offrande du lait, des parfums et du vin entremêlée de nombreux saluts jusqu'à terre. La carte de visite sur laquelle sont inscrits les noms de l'Empereur régnant, des Impératrices et du Prince délégué pour présider la cérémonie, est apportée, lue à haute voix et déposée devant la tablette le temps nécessaire pour que l'âme du défunt puisse en prendre connaissance ; elle est ensuite emportée au four crématoire et incinérée. Une nouvelle libation de vin est faite, la tablette est rapportée dans son alcôve, non sans avoir été abondamment saluée et resaluée, puis, le repas impérial est transporté devant le temple et distribué aux assistants qui y font honneur.

Le clergé local — Lamas et Bonzes — n'intervient qu'aux anniversaires de décès, pour réciter des prières devant la porte du monument.

Au début de notre occupation, les cérémonies périodiques ont été forcément interrompues ; au mois de février 1901, le Général Voyron en autorisa la reprise, et, le 16 du même mois, le prince Chuen, frère cadet de l'Empereur Kouang-Su, arrivait à Si-Ling avec quatre autres Princes et un certain nombre de mandarins d'un rang élevé, pour saluer les mânes de ses ancêtres.

C'est ce même Prince Chuen qui devait, quelques semaines plus tard, porter à Berlin les excuses de son frère pour le meurtre du baron Ketteler, assassiné, l'année précédente, par les Boxers. Mis en demeure par le Kaiser de faire devant lui le salut solennel du Ko-T'eou dû seulement au Fils du Ciel, Chuen s'y refusa et, Guillaume II insistant avec son habituel manque de tact, le Prince se tourna vers le moindre de ses serviteurs et l'autorisa à faire Ko-T'eou devant l'Empereur Allemand.

Le Prince Ch'uen, père du jeune Empereur Pou-yi-Suen-Tong qui a clos la liste des Souverains de la Chine, exerça la régence au nom de son fils, jusqu'à la proclamation de la République chinoise.

J'ai eu l'heureuse fortune qu'aucun Européen n'avait rencontrée avant moi, d'être invité officiellement, avec le capitaine Delclos, à assister à la cérémonie : je n'ai feint de me récuser que juste assez pour satisfaire les lois rigoureuses de la politesse chinoise, et j'ai été heureux de céder aux instances du Prince Chuen.

Vu la dûreté des temps, tout s'est borné à quelques génuflexions, à une série de prosternements et à l'incinération, en plein air, du message impérial.

Le 4 avril, d'autres Princes ont été envoyés et, la confiance étant revenue à la suite du premier essai, une cérémonie plus complète a eu lieu à chaque monument, mais, le matériel rituel étant sous scellés, une partie des offrandes a été remplacée par des affusions de sable jaune ou rouge, suivant le grade du défunt.

Le 27 août 1901, j'ai remis solennellement le cimetière de Si-Ling aux représentants de l'Empereur et, depuis cette date, à ma connaissance, aucun Barbare de l'Occident, sauf un Général allemand qui a eu l'aplomb de se présenter en mon nom, n'a plus troublé par sa présence le sommeil des Fils du Ciel.

Le cimetière de Si-Ling, comme ceux des anciennes dynasties, vieillira sans incidents ; ses monuments, dans un pays où, si on détruit peu, on ne songe guère à entretenir et à réparer, se coucheront doucement dans leur poussière ; le souvenir des grands personnages qui y dorment leur dernier sommeil s'estompera et s'effacera dans les brumes du passé, et le berger tartare qui mènera son troupeau dans les hautes vallées de l'Y-Choui, ne s'étonnera pas de fouler les cendres des puissants Souverains qui ont été les maîtres absolus des destinées de plus de quatre cent millions d'êtres humains.

J'ai, et je m'en excuse, bien abusé de votre bienveillante attention sur un sujet macabre où j'ai, cependant, cherché à être aussi peu *Pompes Funèbres* que j'ai pu : je m'arrête donc, en regrettant de ne plus pouvoir, grâce à la Révolution, conclure, sans me faire traiter de réactionnaire, par le souhait loyaliste que l'on lit dans tous les temples de Chine : « *Que l'Empereur actuel vive dix mille années, dix mille fois dix mille années !* »

Vannes. — Imprimerie Lafolye. 352-20.